JETZT EROBERN WIR DIE WELT

Danke für die Starthilfe

Erinnerungsalbum
für:

von:

Name: _______________________ Alter: _______

Manche nennen mich auch

____

Lieblingsfach _______________________________
weil _______________________________________

In meiner Freizeit _______________

____

____

In 20 Jahren werde ich

____

____

Genug von mir! Reden wir über Sie

Richtig gut fand ich

____

____

____

Was ich gar nicht mochte war

Das ist typisch für Sie

Ich werde nie vergessen, wie

Das Wichtigste, das ich von Ihnen gelernt habe war...

Das sollten Sie unbedingt mal ausprobieren

Name: _______________________ Alter: _______

Manche nennen mich auch

____

Lieblingsfach _______________________________________

weil _______________________________________

In meiner Freizeit

____

____

In 20 Jahren werde ich

____

____

Genug von mir! Kommen wir zu Ihnen

Richtig gut fand ich

____

____

____

Was ich gar nicht mochte war

Das ist typisch für Sie

Ich werde nie vergessen, wie

Das Wichtigste, das ich von Ihnen gelernt habe war…

Das sollten Sie unbedingt mal ausprobieren

Name: ______________________ Alter: ______

Manche nennen mich auch

____

Lieblingsfach ____________________________

weil ____________________________________

In meiner Freizeit ___

____

____

In 20 Jahren werde ich

____

____

Genug von mir! Jetzt geht's um sie

Richtig gut fand ich

____

____

____

Was ich gar nicht mochte war

Das ist typisch für Sie

Ich werde nie vergessen, wie

Das Wichtigste, das ich von Ihnen gelernt habe war…

Das sollten sie unbedingt mal ausprobieren

Name. ___________________   Alter. _______

Manche nennen mich auch

____

Lieblingsfach _________________________

weil ___________________________________

In meiner Freizeit ___

____

____

In 20 Jahren werde ich

____

____

Genug von mir!
Reden wir über sie

Richtig gut fand ich ___

____

____

____

Was ich gar nicht mochte war

Das ist typisch für sie …

Ich werde nie vergessen, wie

Das Wichtigste, das ich von Ihnen gelernt habe war…

Das sollten sie unbedingt mal ausprobieren

Name. _______________________ Alter. _______

Manche nennen mich auch

____

Lieblingsfach _______________________________

weil _______________________________________

In meiner Freizeit —

____

____

In 20 Jahren werde ich

____

____

Genug von mir! Kommen wir zu Ihnen

Richtig gut fand ich —

____

____

____

Was ich gar nicht mochte war

Das ist typisch für Sie

Ich werde nie vergessen, wie

Das Wichtigste, das ich von Ihnen gelernt habe war...

Das sollten Sie unbedingt mal ausprobieren

Name: __________________   Alter: _______

Manche nennen mich auch

____

Lieblingsfach ____________________________

weil __________________________________

In meiner Freizeit

____

____

In 20 Jahren werde ich

____

____

Genug von mir! Jetzt geht's um Sie

Richtig gut fand ich

____

____

____

Was ich gar nicht mochte war

Das ist typisch für sie

Ich werde nie vergessen, wie

Das Wichtigste, das ich von Ihnen gelernt habe war...

Das sollten sie unbedingt mal ausprobieren

Name: _______________________   Alter: _______

Manche nennen mich auch

____

Lieblingsfach _________________________________

weil ____

In meiner Freizeit –

____

____

In 20 Jahren werde ich

____

____

Genug von mir! Reden wir über Sie

Richtig gut fand ich –

____

____

____

Was ich gar nicht mochte war

Das ist typisch für Sie

Ich werde nie vergessen, wie

Das Wichtigste, das ich von Ihnen gelernt habe war…

Das sollten Sie unbedingt mal ausprobieren

Name: _______________________ Alter: _______

Manche nennen mich auch

____

Lieblingsfach ________________________________

weil ________________________________

In meiner Freizeit

____

____

In 20 Jahren werde ich

____

____

Genug von mir! Kommen wir zu Ihnen

Richtig gut fand ich

____

____

____

Was ich gar nicht mochte war

Das ist typisch für Sie

Ich werde nie vergessen, wie

Das Wichtigste, das ich von Ihnen
gelernt habe war...

Das sollten Sie unbedingt mal
ausprobieren

Name. _______________________________ Alter. ___________

Manche nennen mich auch

____

Lieblingsfach _______________________________________

weil. ____

In meiner Freizeit _____

____

____

In 20 Jahren werde ich

____

____

Genug von mir!
Jetzt geht's um Sie

Richtig gut fand ich -

____

____

____

Was ich gar nicht mochte war

Das ist typisch für sie ...

Ich werde nie vergessen, wie

Das Wichtigste, das ich von Ihnen gelernt habe war...

Das sollten sie unbedingt mal ausprobieren

Name. ________________________   Alter. ________

____

____

____

____

____

____

____

____

Was ich gar nicht mochte war

Das ist typisch für Sie

Ich werde nie vergessen, wie

Das Wichtigste, das ich von Ihnen gelernt habe war…

Das sollten sie unbedingt mal ausprobieren

Name: __________________________ Alter: ______

Manche nennen mich auch

____

Lieblingsfach ________________________________

weil ____

In meiner Freizeit -

____

____

In 20 Jahren werde ich

____

____

Genug von mir! Kommen wir zu Ihnen

Richtig gut fand ich -

____

____

____

Was ich gar nicht mochte war

Das ist typisch für Sie …

Ich werde nie vergessen, wie

Das Wichtigste, das ich von Ihnen gelernt habe war…

Das sollten Sie unbedingt mal ausprobieren

Name. ______________________   Alter. ______

Manche nennen mich auch

____

Lieblingsfach _______________________________

weil ______________________________________

In meiner Freizeit______

____

____

In 20 Jahren werde ich

____

____

Genug von mir!
Jetzt geht's um Sie

Richtig gut fand ich

____

____

____

Was ich gar nicht mochte war

____

____

____

Das ist typisch für Sie

____

____

Ich werde nie vergessen, wie

____

____

Das Wichtigste, das ich von Ihnen
gelernt habe war...

____

____

Das sollten Sie unbedingt mal
ausprobieren

____

Name. ______________________   Alter. ______

Manche nennen mich auch

____

Lieblingsfach _______________________________

weil ____

In meiner Freizeit

____

____

In 20 Jahren werde ich

____

____

Genug von mir!
Reden wir über Sie

Richtig gut fand ich

____

____

____

Was ich gar nicht mochte war

Das ist typisch für sie

Ich werde nie vergessen, wie

Das Wichtigste, das ich von Ihnen gelernt habe war...

Das sollten sie unbedingt mal ausprobieren

Name. _____________________ Alter. _______

Manche nennen mich auch

____

Lieblingsfach _______________________________

weil _______________________________________

In meiner Freizeit

____

____

In 20 Jahren werde ich

____

____

Genug von mir! Kommen wir zu Ihnen

Richtig gut fand ich

____

____

____

Was ich gar nicht mochte war

Das ist typisch für Sie ...

Ich werde nie vergessen, wie

Das Wichtigste, das ich von Ihnen
gelernt habe war...

Das sollten Sie unbedingt mal
ausprobieren

Name: _______________   Alter: _______

Manche nennen mich auch

____

Lieblingsfach _________________________

weil ___________________________________

In meiner Freizeit

____

____

In 20 Jahren werde ich

____

____

Genug von mir! Jetzt geht's um Sie

Richtig gut fand ich

____

____

____

Was ich gar nicht mochte war

Das ist typisch für sie

Ich werde nie vergessen, wie

Das Wichtigste, das ich von Ihnen gelernt habe war…

Das sollten sie unbedingt mal ausprobieren

Name. __________________________   Alter. ________

____

 ____

 ____

____

____

____

____

____

____

____

Was ich gar nicht mochte war

Das ist typisch für sie

Ich werde nie vergessen, wie

Das Wichtigste, das ich von Ihnen gelernt habe war…

Das sollten sie unbedingt mal ausprobieren

Name: _______________ Alter: _______

Manche nennen mich auch

____

Lieblingsfach _______________________________________

weil _______________________________________

In meiner Freizeit -

____

____

In 20 Jahren werde ich

____

____

Genug von mir! Kommen wir zu Ihnen

Richtig gut fand ich -

____

____

____

Was ich gar nicht mochte war

Das ist typisch für sie

Ich werde nie vergessen, wie

Das Wichtigste, das ich von Ihnen gelernt habe war...

Das sollten sie unbedingt mal ausprobieren

Name: __________________________   Alter: __________

Manche nennen mich auch

____

Lieblingsfach ________________________________

weil ____

In meiner Freizeit ______

____

____

In 20 Jahren werde ich

____

Genug von mir! Jetzt geht's um Sie

Richtig gut fand ich —

____

____

____

Was ich gar nicht mochte war

____

____

____

Das ist typisch für sie …

____

____

Ich werde nie vergessen, wie

____

____

Das Wichtigste, das ich von Ihnen
gelernt habe war…

____

____

Das sollten sie unbedingt mal
ausprobieren

____

Name. _______________________   Alter. _______

____

 ____

 ____

____

____

____

____

____

____

____

Was ich gar nicht mochte war

Das ist typisch für sie

Ich werde nie vergessen, wie

Das Wichtigste, das ich von Ihnen gelernt habe war...

Das sollten Sie unbedingt mal ausprobieren

Name. _______________________ Alter. _______

Manche nennen mich auch

____

Lieblingsfach _______________________

weil. _______________________

In meiner Freizeit

____

____

In 20 Jahren werde ich

____

____

Genug von mir!
Kommen wir zu Ihnen

Richtig gut fand ich

____

____

____

Was ich gar nicht mochte war

Das ist typisch für sie …

Ich werde nie vergessen, wie

Das Wichtigste, das ich von Ihnen gelernt habe war…

Das sollten sie unbedingt mal ausprobieren

Name. _______________________   Alter. ________

Manche nennen mich auch

____

Lieblingsfach ____________________________________

weil. ____________________________________

In meiner Freizeit _____

____

____

In 20 Jahren werde ich

____

____

Genug von mir!
Jetzt geht's um Sie

Richtig gut fand ich –

____

____

____

Was ich gar nicht mochte war

____

____

____

Das ist typisch für Sie

____

____

Ich werde nie vergessen, wie

____

____

Das Wichtigste, das ich von Ihnen gelernt habe war…

____

____

____

Das sollten Sie unbedingt mal ausprobieren

____

Name. _______________________   Alter. _______

Manche nennen mich auch

____

Lieblingsfach _________________________________

weil ____

In meiner Freizeit

____

____

In 20 Jahren werde ich

____

____

Genug von mir!
Reden wir über sie

Richtig gut fand ich

____

____

____

Was ich gar nicht mochte war

Das ist typisch für sie ...

Ich werde nie vergessen, wie

Das Wichtigste, das ich von Ihnen gelernt habe war...

Das sollten sie unbedingt mal ausprobieren

Name. __________________   Alter. ________

Manche nennen mich auch

____

Lieblingsfach _________________________

weil. _________________________________

In meiner Freizeit -

____

____

In 20 Jahren werde ich

____

____

Genug von mir!
Kommen wir zu Ihnen

Richtig gut fand ich -

____

____

____

Was ich gar nicht mochte war

Das ist typisch für sie

Ich werde nie vergessen, wie

Das Wichtigste, das ich von Ihnen
gelernt habe war…

Das sollten sie unbedingt mal
ausprobieren

Name: __________________   Alter: ______

Manche nennen mich auch

____

Lieblingsfach

weil

In meiner Freizeit

____

____

In 20 Jahren werde ich

____

____

Genug von mir! Jetzt geht's um Sie

Richtig gut fand ich

____

____

____

Was ich gar nicht mochte war

Das ist typisch für sie

Ich werde nie vergessen, wie

Das Wichtigste, das ich von Ihnen gelernt habe war…

Das sollten sie unbedingt mal ausprobieren

Name. _______________________   Alter. _______

Manche nennen mich auch

____

Lieblingsfach _______________________

weil. ________________________________

In meiner Freizeit —

____

____

In 20 Jahren werde ich

____

____

Genug von mir!
Reden wir über sie

Richtig gut fand ich —

____

____

____

Was ich gar nicht mochte war

Das ist typisch für sie ...

Ich werde nie vergessen, wie

Das Wichtigste, das ich von Ihnen gelernt habe war...

Das sollten Sie unbedingt mal ausprobieren

Name. _______________________ Alter. _______

Manche nennen mich auch

____

Lieblingsfach _______________________________

weil. _______________________________

In meiner Freizeit

____

____

In 20 Jahren werde ich

____

____

Genug von mir!
Kommen wir zu Ihnen

Richtig gut fand ich

____

____

____

Was ich gar nicht mochte war

____

____

____

Das ist typisch für Sie ...

____

____

Ich werde nie vergessen, wie

____

____

Das Wichtigste, das ich von Ihnen
gelernt habe war...

____

____

Das sollten Sie unbedingt mal
ausprobieren

____

Name. _______________________ Alter. _______

Manche nennen mich auch

____

Lieblingsfach _______________________

weil. _______________________________

In meiner Freizeit _

____

In 20 Jahren werde ich

____

Genug von mir!
Jetzt geht's um Sie

Richtig gut fand ich -

____

____

Was ich gar nicht mochte war

____

____

____

Das ist typisch für sie

____

____

Ich werde nie vergessen, wie

____

____

Das Wichtigste, das ich von Ihnen
gelernt habe war...

____

____

____

Das sollten sie unbedingt mal
ausprobieren

____

Name: __________________   Alter: __________

Manche nennen mich auch

____

Lieblingsfach __________________________

weil ___________________________________

In meiner Freizeit

____

____

In 20 Jahren werde ich

____

____

Genug von mir!
Reden wir über Sie

Richtig gut fand ich

____

____

____

Was ich gar nicht mochte war

Das ist typisch für sie ...

Ich werde nie vergessen, wie

Das Wichtigste, das ich von Ihnen gelernt habe war...

Das sollten sie unbedingt mal ausprobieren

Name. _______________________   Alter. _______________

Manche nennen mich auch

____

Lieblingsfach _______________________________________

weil ____

In meiner Freizeit -

____

____

In 20 Jahren werde ich

____

____

Genug von mir!
Kommen wir zu Ihnen

Richtig gut fand ich -

____

____

____

Was ich gar nicht mochte war

Das ist typisch für Sie ...

Ich werde nie vergessen, wie

Das Wichtigste, das ich von Ihnen
gelernt habe war...

Das sollten Sie unbedingt mal
ausprobieren

Name: _______________________   Alter: _______

Manche nennen mich auch

____

Lieblingsfach _______________________________

weil ____

In meiner Freizeit

____

____

In 20 Jahren werde ich

____

____

Genug von mir!
Jetzt geht's um sie

Richtig gut fand ich

____

____

____

Was ich gar nicht mochte war

____

____

____

Das ist typisch für Sie

____

____

Ich werde nie vergessen, wie

____

____

Das Wichtigste, das ich von Ihnen gelernt habe war…

____

____

____

Das sollten sie unbedingt mal ausprobieren

____

Name. ______________________   Alter. ________

Manche nennen mich auch

____

Lieblingsfach ______________________________

weil ______________________________________

In meiner Freizeit —

____

____

In 20 Jahren werde ich

____

____

Genug von mir!
Reden wir über Sie

Richtig gut fand ich —

____

____

____

Was ich gar nicht mochte war

Das ist typisch für sie ...

Ich werde nie vergessen, wie

Das Wichtigste, das ich von Ihnen gelernt habe war...

Das sollten sie unbedingt mal ausprobieren

Name. _______________________   Alter. _______

Manche nennen mich auch

____

Lieblingsfach _________________________________

weil ____

In meiner Freizeit -

____

____

In 20 Jahren werde ich

____

____

Genug von mir!
Kommen wir zu Ihnen

Richtig gut fand ich -

____

____

____

Was ich gar nicht mochte war

Das ist typisch für Sie

Ich werde nie vergessen, wie

Das Wichtigste, das ich von Ihnen
gelernt habe war…

Das sollten Sie unbedingt mal
ausprobieren

Name: __________________________ Alter: ______

Manche nennen mich auch

____

Lieblingsfach ________________________

weil _________________________________

In meiner Freizeit _______________

____

____

In 20 Jahren werde ich

____

____

Genug von mir! Jetzt geht's um Sie

Richtig gut fand ich

____

____

____

Was ich gar nicht mochte war

____

____

____

Das ist typisch für Sie

____

____

Ich werde nie vergessen, wie

____

____

Das Wichtigste, das ich von Ihnen
gelernt habe war…

____

____

____

Das sollten sie unbedingt mal
ausprobieren

____

Name. _______________   Alter. _______

Manche nennen mich auch

____

Lieblingsfach _______________

weil. _______________________________

In meiner Freizeit _____

____

____

In 20 Jahren werde ich

____

____

Genug von mir!
Reden wir über sie

Richtig gut fand ich —

____

____

____

Was ich gar nicht mochte war

Das ist typisch für sie ...

Ich werde nie vergessen, wie

Das Wichtigste, das ich von Ihnen gelernt habe war...

Das sollten Sie unbedingt mal ausprobieren

Name: _____________ Alter: _____

Manche nennen mich auch

____

Lieblingsfach _____________________

weil _____________________________

In meiner Freizeit _______________

____

____

In 20 Jahren werde ich

____

____

Genug von mir! Kommen wir zu Ihnen

Richtig gut fand ich

____

____

____

Was ich gar nicht mochte war

Das ist typisch für Sie

Ich werde nie vergessen, wie

Das Wichtigste, das ich von Ihnen gelernt habe war…

Das sollten Sie unbedingt mal ausprobieren

Name: _______________________ Alter: _______

Manche nennen mich auch

____

Lieblingsfach _________________________________

weil ____

In meiner Freizeit

____

____

In 20 Jahren werde ich

____

____

Genug von mir! Jetzt geht's um Sie

Richtig gut fand ich

____

____

____

Was ich gar nicht mochte war

Das ist typisch für sie

Ich werde nie vergessen, wie

Das Wichtigste, das ich von Ihnen gelernt habe war…

Das sollten sie unbedingt mal ausprobieren

Name: _______________________   Alter: _______

Manche nennen mich auch

____

Lieblingsfach _________________________________

weil ____

In meiner Freizeit _____________________________

____

____

In 20 Jahren werde ich ________________________

____

____

Genug von mir! Reden wir über Sie

Richtig gut fand ich _____________

____

____

____

Was ich gar nicht mochte war

Das ist typisch für _sie_

Ich werde nie vergessen, _wie_

Das Wichtigste, das ich von Ihnen gelernt habe war…

Das sollten sie unbedingt mal ausprobieren

Name: ______________________ Alter: __________

Manche nennen mich auch

____

Lieblingsfach ______________________________

weil ______________________________________

In meiner Freizeit

____

____

In 20 Jahren werde ich

____

____

Genug von mir! Kommen wir zu Ihnen

Richtig gut fand ich

____

____

____

Was ich gar nicht mochte war

Das ist typisch für Sie ...

Ich werde nie vergessen, wie

Das Wichtigste, das ich von Ihnen
gelernt habe war...

Das sollten Sie unbedingt mal
ausprobieren

Name: ___________________   Alter: _______

Manche nennen mich auch

____

Lieblingsfach _________________________
weil ___________________________________

In meiner Freizeit ___

____

____

In 20 Jahren werde ich

____

____

Genug von mir!
Jetzt geht's um Sie

Richtig gut fand ich ___

____

____

____

Was ich gar nicht mochte war

Das ist typisch für sie

Ich werde nie vergessen, wie

Das Wichtigste, das ich von Ihnen gelernt habe war...

Das sollten sie unbedingt mal ausprobieren

Name. ___________ Alter. ___

Manche nennen mich auch

____

Lieblingsfach ___________
weil. ___

In meiner Freizeit. –

____

In 20 Jahren werde ich

____

Genug von mir!
Reden wir über sie

Richtig gut fand ich –

____

____

____

Was ich gar nicht mochte war

____

____

____

Das ist typisch für sie

____

____

Ich werde nie vergessen, wie

____

____

Das Wichtigste, das ich von Ihnen gelernt habe war...

____

____

____

Das sollten Sie unbedingt mal ausprobieren

____

Inhalt und Gestaltung:
Andreas Beck
Breiteweg 24
DE-89143 Blaubeuren